Diese Lesemaus gehört:

_____

Mädchen-Geschichten, die stark machen

INHALTSVERZEICHNIS

Ella geht in den Kindergarten
Eine Geschichte von Susa Hämmerle
mit Bildern von Kyrima Trapp

Unterwegs mit den Ponys
Eine Geschichte von Petra Wiese
mit Bildern von Anne Ebert

Jule darf auch mal wütend sein
Eine Geschichte von Anna Wagenhoff
mit Bildern von Sigrid Leberer

Conni geht nicht mit Fremden mit
Eine Geschichte von Liane Schneider
mit Bildern von Annette Steinhauer

4

5

Lili und das chinesische Frühlingsfest
Eine Geschichte von Dagmar Yu-Dembski
mit Bildern von Sigrid Leberer

Anna tanzt Ballett
Eine Geschichte von Heidrun Hartwig
mit Bildern von Clara Suetens

6

Ella geht in den Kindergarten

„Guten Morgen, Kindergartenkind!", sagt Mama.
Ella gähnt – und strahlt. Heute ist ihr erster Kindergartentag!
Schnell schlüpft sie aus dem Bett. Schnell zieht sie sich an.

„Papa, warum heißt der Kindergarten Kindergarten?",
fragt Ella am Frühstückstisch.
„Weil die Kinder junges Gemüse sind und noch viel
wachsen müssen", schmunzelt Papa.
Ella kichert. Sie stellt sich vor,
wie sie gegossen wird.

Oje! Das war der Kakao! „Macht nichts", meint Mama.
Sie wischt den Tisch ab und holt einen neuen Pullover.
Papa richtet unterdessen das Pausenbrot.
Die neue Kindergartentasche hat Ella schon umgehängt.
Aber wo ist Tiger, der Kuschelkater?
Ella kann ihn nirgends finden.
„Schluss mit Suchen", sagt sie schließlich. „Bleibt Tiger eben
zu Hause. Er ist ja auch so wasserscheu – falls wir doch
gegossen werden!"

Das ist ein Gewimmel in der Garderobe!
Ella drückt sich an ihre Mutter. Da kommt Frau Beier,
die Erzieherin. Sie sieht sehr nett aus.
„Guten Morgen, Ella, willst du die Glocke oder die Gießkanne?", fragt sie.
Ella guckt verwirrt. Da zeigt Frau Beier auf die Garderobenhaken. Jetzt versteht
Ella. Jedes Kind hat einen eigenen Haken, um seine Sachen aufzuhängen.
„Die Gießkanne", sagt Ella und kichert. Auch Mama lacht und gibt ihr einen
Abschiedskuss.

Ein Junge ist heute auch neu. Er bekommt den Haken mit der Glocke. Als seine Mutter gehen will, weint er. Ella geht zu ihm. „Hast du Lust, mit mir die Hakenbilder anzugucken? Bestimmt gibt es auch eine Eistüte!" Sie finden auf den Bildern einen Pilz, ein Dreirad, eine Puppe, Obst und Tiere – aber eine Eistüte entdecken sie nicht!

Der Junge heißt Tim.
Er ist sehr schüchtern und traut sich
nicht in den Gruppenraum. Ella schubst
ihn über die Schwelle.
Die anderen Kinder spielen schon. Da gibt es eine
Puppenecke, ein Kuschelhaus, eine Kinderküche, einen Mal- und
Basteltisch, eine Bauecke, eine Bücherecke und, und, und …
Ella weiß gar nicht, was sie zuerst spielen soll.
„Siehst du auch eine Doktorecke?", fragt Tim.
„Nein", sagt Ella. „Aber die Bauecke ist frei."
Ella und Tim bauen einen hohen Turm. Als er umfällt,
weint Tim und will, dass seine Mutter kommt.
„Das ist doch ein Kindergarten und kein Elterngarten", erklärt Ella.
„Und wenn du weiter weinst, wirst du uns viel zu sehr gießen!"
Sie erzählt Tim die Geschichte mit dem jungen Kindergemüse.
Er muss lachen und dann bauen sie einen noch höheren Turm.

Ein Junge kommt zu Ella und Tim. Er fragt:
„Wollt ihr eine Frühstückspause machen?"
Tim möchte noch eine Burg bauen. Ella hingegen
hat Hunger wie ein Bär. Der Junge zeigt ihr,
wo sie sich die Hände waschen kann.

Auch im Waschraum hat jedes Kind seinen eigenen Haken mit dem gleichen Bild. Daran hängen die Handtücher. Ganz besonders toll findet Ella aber die kleinen Kinderklos.

Am Pausentisch dürfen immer sechs Kinder zusammen essen.
Ella hilft beim Tischdecken. Auf dem Servierwagen steht ein
Teller mit Obst. Zum Trinken gibt es Saft oder Kakao.
Hoppla! Das Einschenken ist gar nicht so einfach!
Ob Tim nicht auch so leckere Trauben mag? Ella blickt
suchend in die Bauecke. Aber Tim ist nicht mehr dort.
Wo er wohl hingegangen ist?

„Wer hat Lust, ein Grusellied zu lernen?", fragt Frau Beier.
Ella möchte lieber basteln. Am Basteltisch sitzen mehrere Kinder mit einer anderen Erzieherin. Sie zeichnen, schneiden und kleben.
„Willst du auch eine Gespenstermaske basteln, Ella?", fragt Frau Mai.
Ella nickt. Ein Mädchen macht ihr Platz. Es erzählt: „Bald machen wir ein großes Geisterfest. Da dürfen auch die Eltern kommen."

Ella freut sich schon darauf. Während sie bastelt, hört sie die Kinder aus der Musikecke singen: „Grusibald, das Schlossgespenst, spuckt statt spukt ans Fenster …"
Das Lied gefällt Ella. Morgen will sie auch mitsingen. Und sich eines von den Instrumenten nehmen. Ob es auch eine Flöte gibt?

„Genug gebastelt und gesungen!", ruft Frau Beier. „Nach dem Aufräumen ist Turnzeit." Das lässt sich keiner zweimal sagen. Schnell räumen die Kinder auf. Schnell stürmen sie zur Garderobe. Schnell haben sie sich umgezogen. Der Turnsaal ist groß und hell. Die Kinder dürfen einen Hindernisweg bauen. Er führt von der Rutsche über die Ringe zum Trampolin, dann durch den Reifenwald und auf der Seilbrücke über den Haifischsee …

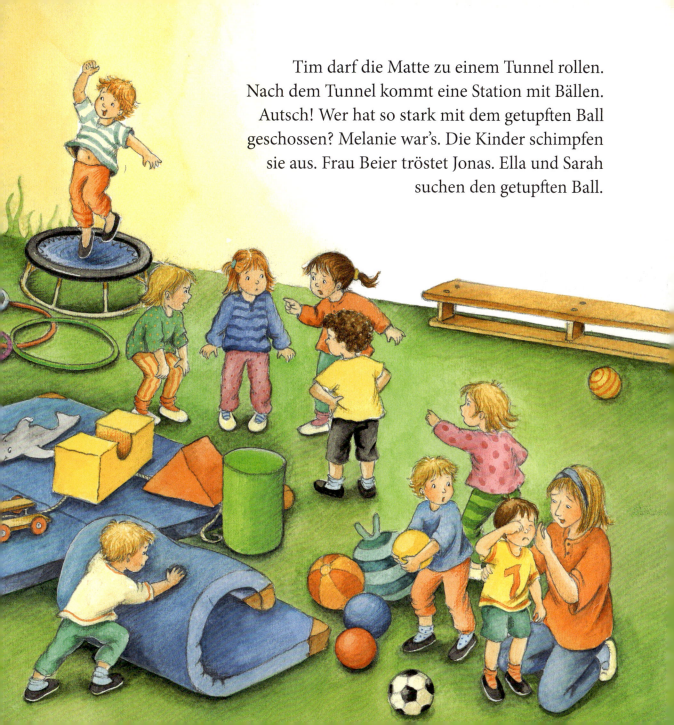

Tim darf die Matte zu einem Tunnel rollen. Nach dem Tunnel kommt eine Station mit Bällen. Autsch! Wer hat so stark mit dem getupften Ball geschossen? Melanie war's. Die Kinder schimpfen sie aus. Frau Beier tröstet Jonas. Ella und Sarah suchen den getupften Ball.

Draußen ist die Sonne hervorgekommen.
„Wir wollen in den Garten!", rufen die Kinder.
Frau Beier ist einverstanden.
In der Garderobe ist große Drängelei. Manche Kinder knuffen einander. Andere schreien herum. Jeder will als Erster fertig sein.
„Tu deinen doofen Beutel weg!", faucht ein Mädchen. Ella hat ihren Turnbeutel aus Versehen an den falschen Haken gehängt.

Ella hält sich die Ohren zu. „Ich will nach Hause", weint sie.
Frau Beier setzt sich neben sie.
„Ja, Ella", sagt sie. „Manchmal geht es im Kindergarten laut und wild zu.
Viele Kinder machen auch viel Lärm und Schubserei. Aber meistens ist es
doch sehr schön bei uns. Und ganz besonders schön ist es im Garten."
Ella sieht den Garten durch das Fenster. Sie blinzelt die Tränen weg und sagt:
„Also gut. Zeigst du mir den Garten?"

Lange bleibt Ella nicht an Frau Beiers Hand. Da – eine Rutsche! Und da – ein Kletterturm! Von hier oben hat Ella eine tolle Aussicht. Sie sieht Tim in der Sandkiste. Sie sieht Sarah auf der Seilbahn. Sie sieht Jonas mit dem Roller. Und sie sieht Julia, die vorhin so gemein zu ihr war.
Der wird sie es jetzt aber sagen! Ella rutscht vom Turm und läuft zu ihr.

Als Ella vor Julia steht, streckt ihr Julia die Hand entgegen.
„Entschuldigung!", sagt sie.
Ella holt Luft – aber dann nickt sie. Gemeinsam laufen die Mädchen zu den Spielfahrzeugen. Und zu den Wackelpilzen. Und – nein, leider nicht mehr zur Baumrakete. Denn Frau Mai ruft: „Ella, du wirst abgeholt!"
Papa hat den Kuschelkater dabei. Ella drückt ihn fest an sich.
„Weißt du was, Tiger?", sagt sie. „Der Kindergarten ist der schönste Garten der Welt. Und morgen kommst du mit!"

Im Kindergarten gibt es viel zu entdecken.
Das alles hat Ella gleich gesehen:

Frau Beier

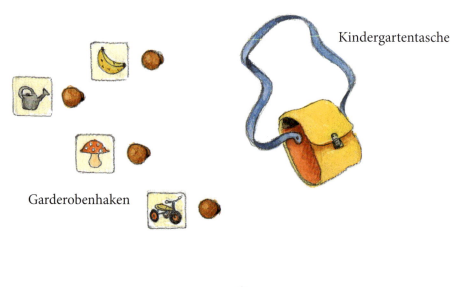

Kindergartentasche

Garderobenhaken

Mal- und Bastelsachen

Melanie Sarah Julia Tim

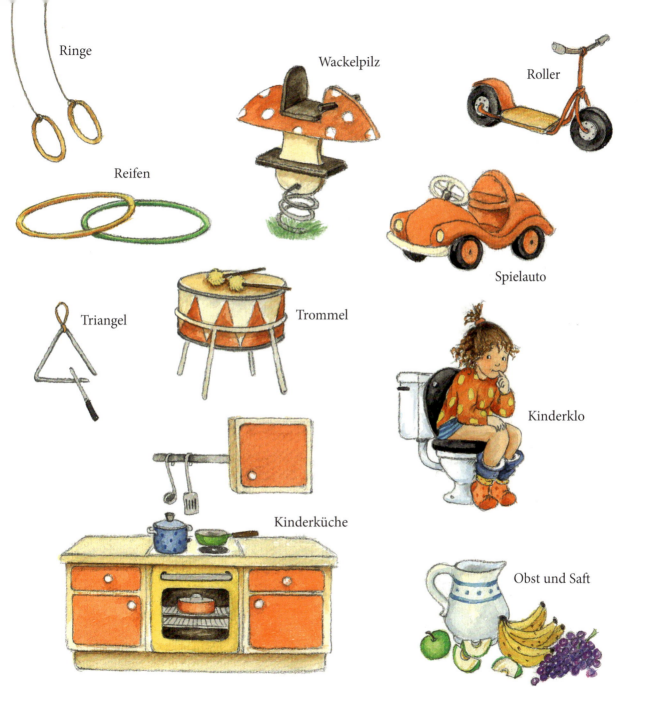

Das hat Ella nicht gleich gefunden.
Hilfst du ihr beim Suchen?

Tiger, der Kuschelkater

Garderobenhaken mit Eistüte

Doktorecke

Baumrakete

Tim in der Doktorecke

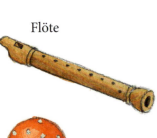

Flöte

Turnbeutel
in der Garderobe

getupfter Ball

Unterwegs mit den Ponys

Heute ist ein wunderschöner Sommertag. Auf der Koppel stehen drei Pferde: das gescheckte Shetlandpony Bini, das Welsh-Pony Kara und die Hannoveraner-Stute Mascha. Kara und Bini sind dicke Freunde. Sie beknabbern sich gegenseitig. Das machen sie nicht nur, weil sie sich so gerne mögen, sondern auch, weil sie sich so putzen. Maschas Fell glänzt rotbraun in der Sonne. In der warmen Sonne döst sie ein bisschen vor sich hin. Sie hält ihren Kopf gesenkt, der Hals ist leicht vorgestreckt. Ihre Ohren hängen locker zur Seite und ihre Augen sind fast geschlossen.

Mascha streckt ihren Hals aus und hebt den Kopf. Die Ohren haben sich aufgestellt. Sie horcht und schaut interessiert in Richtung Feldweg. An der Koppel hält ein Auto. Zwei Mädchen steigen aus. Mascha erkennt Annika und ihre kleine Schwester Lena. Die beiden kommen fast jeden Tag auf die Koppel. Letzten Samstag hat Lena ihr Kleines Hufeisen gemacht und heute hat sie ihren ersten Waldritt vor sich. Die Pferde schnauben, denn sie freuen sich über den Besuch. Zur Begrüßung bekommen sie erst einmal Möhren und Äpfel.

Mama krault Mascha die Mähne. „Du musst heute leider auf der Koppel bleiben, Mascha." Zum Trost bekommt die Stute noch einen extra dicken Apfel.

Annika streift inzwischen Kara das Halfter über und hilft Lena mit Bini. Bini möchte lieber spielen. Immer wieder schüttelt sie ihren dicken Ponykopf, so dass die Mädchen gemeinsam das Halfter anlegen müssen.

„Brav, Bini!", sagt Lena, als sie ihr Pony endlich an den Holzpfosten angeleint hat.

Annika schaut sich suchend um: „Wo ist denn Karas Putzkiste?"
„Die steht hinter dir!", ruft Mama lachend.
„Gut, dass wenigstens die Pferde große und gute Augen haben", kichert Lena.
„Bis später, ihr beiden. Um sechs hole ich euch ab. Viel Spaß!"
Winkend setzt sich Mama ins Auto und fährt langsam den Feldweg zurück.

Vor dem Ausritt müssen die Pferde gründlich geputzt werden. Besonders dort, wo der Sattel aufs Fell gelegt wird, darf kein Krümelchen Schmutz sein: Die Druckstellen würden den Pferden sehr wehtun.

Aus Versehen kippt Annika mit dem Fuß die Putzkiste um: Striegel, Kardätsche, Schwamm und Hufkratzer fallen heraus. Bini wiehert.

„Du musst gar nicht lachen", grinst Annika und bückt sich, um den Striegel aufzuheben. Zuerst striegeln Annika und Lena die Ponys. Danach bürsten sie mit der Kardätsche sorgfältig das Fell. Zum Schluss wird noch die Mähne gekämmt. Offensichtlich genießen die Pferde das, denn selbst Bini steht auf einmal ganz still.

Lena holt die Wasserflasche und benetzt zwei kleine Schwämme. Mit ihnen wischen die Mädchen vorsichtig den Staub aus den Augen- und Nüsternwinkeln der Ponys.

„So, jetzt noch die Hufe", sagt Annika und holt zwei Hufkratzer. Obwohl Bini ein sehr freundliches Pony ist, steht Lena während der Hufreinigung neben ihr und nicht hinter ihr, denn Bini könnte erschrecken und ausschlagen.

„Fertig!", ruft Lena und klopft Bini auf den dicken Ponypopo.

„Puh, ist der wieder schwer", sagt Lena und zerrt Karas Sattel herbei, den Mama vorhin über den Zaun gehängt hat. Annika legt die Satteldecke glatt und ordentlich über Karas Widerrist. Sie schiebt die Steigbügel hoch und schlägt den Gurt über die Sitzfläche. Dann legt sie den Sattel auf Karas Rücken. Vorsichtig lässt sie nun den Gurt heruntergleiten. Sie fasst unter Karas Bauch nach der Gürtelschnalle und befestigt sie am Sattel. Dabei achtet sie darauf, dass zwischen Gurt und Bauch zwei Finger passen.

„Jetzt ist Bini an der Reihe", sagt Annika und reicht Lena die Satteldecke. Auch Lena streicht die Satteldecke schön glatt. Mit dem Sattel muss Annika ihr dann doch helfen.

„Das Auftrensen schaffe ich aber alleine", sagt Lena. Sie streift Bini geschickt das Stallhalfter ab und hebt das Zaumzeug über die Nüstern. Als das Mundstück Binis Maul berührt, schiebt Lena den linken Daumen in ihre Maulspalte und lässt das Gebiss vorsichtig in ihr Maul gleiten. Dann hebt sie das Kopfstück über die Ohren.
„Du bist eine ganz Brave", flüstert Lena Bini ins Ohr. Bini guckt sie mit großen Augen an und beschnuppert sie zufrieden. Lena verschließt noch Nasen- und Kehlriemen und prüft, ob beides nicht zu fest sitzt. „Alles wunderbar", sagt sie zufrieden.
Die Mädchen setzen ihre Reitkappen auf und sitzen auf. Bevor sie in Richtung Wald reiten, drehen sie sich noch einmal um.
„Tschüs, Mascha! Bis später!", ruft Lena. Mascha wiehert.

Lena reitet für ihr Leben gern. Sie sitzt gerade im Sattel und schaut zwischen Binis Ohren hindurch. Sobald Lena auf einem Ponyrücken sitzt, kitzelt es in ihrem Bauch vor Vergnügen. Mittlerweile hat sie auch ein gutes Gefühl für das Reiten und weiß, wie sie mit Hilfe ihrer Beine und der Zügel das Pony lenken kann. Sie legt die Schenkel an Binis Bauch und übt ein bisschen Druck aus. Die Zügel lässt sie etwas nach – und schon setzt sich Bini in Bewegung.

Annika reitet mit Kara im Schritt voran. Die Mädchen lassen ungefähr eine Pferdelänge Abstand zwischen den beiden Ponys.
„Wir reiten erst ein Stück am Waldrand entlang, beim Hochsitz biegen wir dann in den Wald ein", sagt Annika.
Lena freut sich, denn das bedeutet, dass sie mit Bini den kleinen Bach überqueren darf.

Ein Stückchen weiter zieht Annika die Zügel an und Kara beginnt zu traben. Sofort folgt Bini ihrer Freundin im Trab. Bald sieht Lena die kleine Bohlenbrücke, die über den Bach führt. Annika reitet mit Kara zuerst darüber.
Klock! Klock! Klock! Klock! Die Hufe hallen über die Holzbohlen. Aber Kara erschrickt überhaupt nicht. Seelenruhig überquert sie die Brücke.

Bini ist noch nie hier gewesen. Lena ist deshalb etwas nervös. Das Pony spürt das wohl, denn es tänzelt ein bisschen und steigt dann sogar.
„Bini, das schaffen wir auch ganz locker", sagt Lena beruhigend. Sie hält die Zügel ganz ruhig, ohne daran zu zerren. Bini zögert etwas, aber dann geht sie ohne Schwierigkeiten über die Brücke. Sie sieht nur ein bisschen erstaunt aus, dass ihre Hufe so einen Krach machen.

An einer Eibe bleibt Kara plötzlich stehen und will daran knabbern. Sanft bewegt Annika ihr Pony wieder auf den Feldweg. Die Mädchen passen auf, dass die Pferde während des Ausreitens nichts fressen: Die Ponys können die giftigen Gewächse nicht von den ungiftigen unterscheiden.

Etwas später reiten Annika und Lena auf dem Weg durch die Felder zurück zur Weide. „Wie wär's mit einem kleinen Galoppritt?", ruft Annika. Schon nimmt sie den Zügel an. Lena nickt. Galopp ist viel bequemer als Trab. Bini läuft schneller, aber ruhiger im Galopp. Die dicke Ponymähne schwingt auf und ab. Der warme Wind weht in Lenas Gesicht. Es fühlt sich herrlich an, so geradeaus zu galoppieren.

„So ein Ausritt ist immer viel zu schnell vorbei", seufzt Lena, als die Mädchen wieder bei der Koppel ankommen. Mascha steht bereits am Zaun und wiehert zur Begrüßung.
Nach dem Absatteln werden die Ponys erneut gründlich geputzt. Bini knabbert vorsichtig an Lena herum. Sie mag sie offenbar genauso gerne wie ihre Freundin Kara.
Nach dem Putzen und einer ausgiebigen Fellmassage traben die Pferde sofort zur Tränke. „Ich hab auch Durst", sagte Lena und holt die Wasserflasche. „Gut, dass ich keine siebzig Liter am Tag trinken muss!"
Bini und Kara rupfen gemächlich das Gras. So ein Ausritt macht auch Pferde hungrig. Wenn die Ponys länger geritten werden, bekommen sie von Annika und Lena noch eine Extraportion Hafer.

„Da ist Mama ja schon wieder! Ist es denn schon so spät?", fragt Lena.
Annika räumt mit Mama den Putzkasten und die Sättel ins Auto. Anschließend verabschieden sich die Mädchen von den Pferden. Bini, Kara und Mascha werden ausgiebig gestreichelt und bekommen noch ein Leckerli.
„Tschüs", flüstert Lena ihrem Pferd ins Ohr und reibt ihm den Hals. „Bis übermorgen!" Sie gibt Bini die Rote Beete, die Mama mitgebracht hat. Die mag das Pony besonders gerne. Zufrieden kauend schaut es Lena hinterher. Die winkt noch einmal und steigt dann ins Auto.

Die Pferde stecken die Köpfe zusammen, als ob sie sich erzählen wollten, was an diesem Nachmittag passiert ist.

Jule darf auch mal wütend sein

Die Sonne scheint schon hell ins Zimmer, als Jule heute aufwacht.
Hurra! So ein schöner Tag!, denkt sie. Bestimmt darf ich meinen neuen Rock anziehen!
Aber dann geht auf einmal alles schief. Beim Aufstehen stolpert Jule über eine Spielfigur auf dem Boden.
„Autsch!", ruft sie und reibt sich den Fuß. Ärgerlich verzieht sie das Gesicht und geht ins Badezimmer.

Da muss sie sich schon wieder ärgern: Ihre Zahnpasta ist leer. Jetzt muss sie die von Mama und Papa nehmen, die so scharf ist. Igitt! Mit einem lauten **Rumms** knallt Jule die Tür zu. Und dann verbietet ihr Mama auch noch, den schönen neuen Rock anzuziehen.
„Dafür ist es heute noch zu kalt", sagt sie.
Jule mault und jammert, aber es hilft nichts. Sie muss eine Hose anziehen. Ausgerechnet die Jeans mit dem ollen Flicken am Knie.

Im Kindergarten geht es direkt weiter: Als Jule ankommt, ist ihre Lieblings-Spielecke besetzt. Die großen Kinder aus der Vorschulgruppe spielen schon mit dem Kaufladen. Jule schaut ihnen eine Weile zu. Dann traut sie sich und fragt: „Darf ich mitspielen?"
Aber die Großen schütteln die Köpfe: „Nein! Dafür bist du viel zu klein!"
Jule ärgert sich. In ihrem Bauch fängt es richtig an zu brodeln. Aber sie schluckt den Ärger herunter, dreht sich um und streckt den Großen nur heimlich die Zunge raus.

Jule macht sich auf die Suche nach ihrer Freundin. Aber Lotta ist krank,
sagt die Erzieherin Eva. Auch das noch! Was soll Jule jetzt machen?
„Darf ich nach draußen gehen und schaukeln?", fragt sie schließlich.
„Noch nicht", sagt Eva. „Wir gehen später alle zusammen raus.
Bleib doch bei uns in der Kuschelecke. Ich lese eine Geschichte vor."
Aber Jule brummt: „Das Buch kenne ich schon. Das ist oberlangweilig!"

Mit gesenktem Kopf trottet Jule davon. So ein blöder Tag!, denkt sie. Trotzig geht sie in die Bauecke und beginnt einen Turm zu bauen. Höher und höher stapelt sie die Bausteine aufeinander.

Jule hat ihren Ärger dabei schon fast vergessen, doch plötzlich fällt der Turm mit einem riesengroßen Krrrrach zusammen. Da ärgert sich Jule wieder. Sie ärgert sich so sehr, dass sie wütend ist. Schrecklich wütend. Auf die Bausteine, auf die anderen Kinder und ein bisschen auch auf sich selbst.

Jule merkt, dass sie vor Wut fast platzt.
Ihr Herz schlägt viel schneller als sonst.

Ihr wird ganz heiß.
Ihr Kopf wird rot
wie eine Tomate.

Eva hat den Krach gehört. Schnell kommt sie in die Bauecke: „Jule, was ist los?"
Aber Jule fuchtelt nur wild mit den Armen und stampft mit den Füßen.
„Lass mich!", ruft sie und schubst Eva weg. Jule schimpft und tobt noch eine Weile vor sich hin. Eva wartet ab, bis Jule ruhiger wird.
„Möchtest du mir erzählen, was dich so wütend macht?", fragt sie schließlich.
Aber auf einmal ist die Wut wie weggeblasen. Jetzt tut es Jule schrecklich leid.
Die anderen Kinder schauen ganz ängstlich zu ihr herüber.
Bestimmt mögen die mich jetzt nicht mehr, denkt sie. Und Eva auch nicht.

Aber die Erzieherin nimmt Jule einfach in den Arm. Da erzählt sie Eva alles. Wie blöd der Tag angefangen hat und wie er immer blöder wurde.
Eva nickt verständnisvoll. Dann erklärt sie Jule, dass eben nicht immer alles so läuft, wie man es gern möchte. „Trotzig oder wütend zu sein hilft dann nicht wirklich weiter", sagt Eva. „Besser ist es, sich eine
andere Lösung auszudenken."

Jule überlegt einen Moment. „Aber was macht man, wenn die Wut so groß ist, dass man gar nicht mehr denken kann?"

„Ja, das kommt vor", sagt Eva. „Manchmal ist man einfach wütend. Und dann muss man die Wut auch rauslassen. Aber dabei darf man anderen nicht wehtun."
Jule wird rot. Aber diesmal nicht vor Wut. „Es tut mir leid, dass ich dich geschubst habe", flüstert sie.
„Entschuldigung angenommen", sagt Eva lächelnd. „Und zum Glück hast du niemanden mit den Bauklötzen getroffen. Das hätte ins Auge gehen können."
Jule nickt. Und dann überlegt sie sich, was sie das nächste Mal machen könnte, wenn sie wütend ist:

Die Wut in ein Kissen boxen.

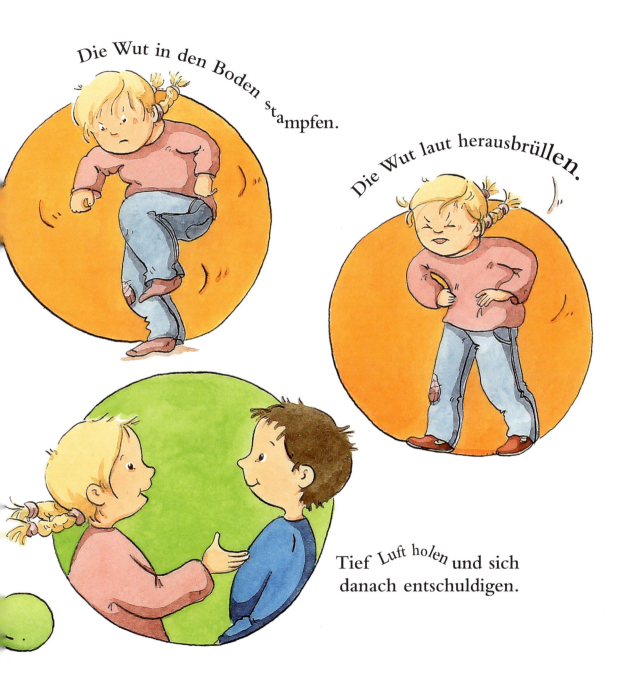

Jule ist froh, als Mama sie vom Kindergarten abholt.
„Spielst du was mit mir?", fragt Jule, als sie zu Hause sind.
Mama nickt. „Ja, gleich, ich muss nur noch kurz telefonieren."
Jule holt schon mal das Spiel und baut die Figuren auf.
„Fertig!", ruft sie. Aber Mama telefoniert immer noch.
Jule wartet und wartet.

„Mamaaa!", ruft sie ungeduldig. „Komm jetzt!"
Jule wird schon wieder wütend.
Am liebsten möchte sie das Spiel in die Ecke werfen.
Aber dann denkt sie daran, was sie heute im Kindergarten
mit Eva besprochen hat.
Jule nimmt ein Kissen vom Bett und boxt kräftig hinein.

Da steckt Mama vorsichtig den Kopf durch die Tür.
„Huch, was ist das denn für ein Boxkämpfer hier?
Wo steckt denn meine kleine Jule?"
Jule brummt: „Wir wollten doch spielen."
Aber da muss sie doch ein bisschen kichern.
Die Wut ist zum Glück schon fast verflogen.
„Es hat länger gedauert, entschuldige bitte", sagt Mama. „Aber jetzt können wir spielen."

Doch Jule hat eine bessere Idee: Zusammen mit Mama bastelt sie ein Wut-Warnschild für ihre Kinderzimmertür. Die Vorderseite zeigt ein fröhliches Gesicht, die Rückseite ein wütendes. So weiß jeder, wie Jule sich gerade fühlt und ob sie lieber in Ruhe gelassen werden möchte. Richtig toll sieht das Schild aus. Und irgendwie ist der blöde Tag dann doch noch ganz schön geworden, findet Jule.

Liebe Eltern,

Kinder im Alter von Jule müssen erst lernen, ihre Gefühle zu erkennen und auszudrücken. Wut ist ein besonders heftiges Gefühl und kommt meist unmittelbar zum Ausdruck. Wut ist jedoch kein schlechtes Gefühl. Manchmal darf und muss man auch wütend sein.

Die Geschichte von Jule beschreibt typische Situationen, die Wut auslösen können und zeigt Möglichkeiten auf, wie Kinder ihren Ärger wieder loswerden können. Jedes Kind ist anders und braucht etwas anderes. Geben Sie Ihrem Kind die Möglichkeit, seine Wut herauszulassen. Wichtig ist nur, dass es dabei weder sich selbst noch andere verletzt und lernt, seine negative Energie zu regulieren.

Vielleicht möchten Sie mit Ihrem Kind auch ein Wut-Warnschild basteln?
So geht's:

- Aus festem Papier ein dreieckiges Schild ausschneiden.
- Auf eine Seite ein wütendes Gesicht zeichnen
  (das heißt: Lasst mich in Ruhe!).
- Auf die andere Seite ein fröhliches Gesicht zeichnen
  (das heißt: Entwarnung, gerne reinkommen!).
- Oben ein Loch durchstechen, ein Band durchziehen
  und an die Kinderzimmertür hängen.

Ihnen und Ihrem Kind viel Spaß beim Vorlesen, miteinander Reden und Basteln!

Conni geht nicht mit Fremden mit

Heute müssen Conni und Anna allein von der Schule nach Hause gehen. Sonst gehen sie immer zusammen mit ihrem Freund Simon. Aber Simon ist in der Schule krank geworden. Ganz schlecht war ihm in der Mathestunde. Seine Mama hat ihn abgeholt. Armer Simon! Wie blass und grün sein Gesicht war! Conni muss immer noch daran denken. Zusammen mit Anna überlegt sie, was Simon wohl hat.
„Vielleicht hat er die Marsmenschenkrankheit", kichert Anna.
„Er war doch so grün im Gesicht." Trotzdem tut Simon ihnen leid.

An der Ampel beim Bäcker verabschieden sich die Freundinnen. Anna muss hier über die Straße gehen. Conni wartet noch, bis für Anna grün aufleuchtet. Dann geht sie alleine geradeaus weiter.

Conni wohnt noch nicht lange hier. Aber ihren Schulweg kennt sie ganz genau. Gleich dort hinter dem Haus an der Ecke mit den grünen Büschen muss sie abbiegen.

Aber was ist das?
Die ganze Straße ist mit
rot-weiß gestreiften Zäunen
abgesperrt. Auch der Fußweg!
Dabei ist Conni doch heute Morgen
noch mit Simon hier langgegangen. Was ist nur passiert?
Conni sieht, dass weiter vorne ein paar Arbeiter die Straße aufreißen.
Und wie kommt Conni jetzt nach Hause? Ratlos steht sie vor der
Absperrung.

„Du musst wohl einen anderen Weg nehmen", sagt da plötzlich ein Mann neben ihr. Er erklärt, dass in der Straße heute Vormittag ein Wasserrohr gebrochen ist. Deshalb ist jetzt alles gesperrt. „Wo wohnst du denn?", fragt er freundlich. Ahornstraße 14, will Conni gerade antworten. Doch dann fällt ihr ein, dass Mama immer sagt, dass sie nicht mit Fremden reden soll. Conni denkt nach. Sie kennt den Mann nicht.

Für sie ist er ein Fremder. Aber vielleicht kann er ihr helfen und sagen, welchen Weg sie nun gehen soll. Der Unbekannte sieht ein bisschen aus wie Onkel Andreas. Aber ist er deshalb auch genauso nett?

„Wie heißt du denn?", fragt der Mann nun.
Conni überlegt, was sie antworten soll.
„Ich darf nicht mit Fremden reden",
sagt sie schließlich. „Ich kann dir einen
anderen Weg zeigen und dich nach
Hause bringen", bietet der Mann
an. Conni weiß, dass Mama
zu Hause bestimmt schon
auf sie wartet. Aber Mama
und Papa haben ihr auch immer
wieder gesagt, dass sie nicht mit
Fremden mitgehen soll.

Conni will lieber zurück zum Bäcker laufen und dort nach dem Weg fragen. Vielleicht kann die Bäckersfrau auch bei Mama anrufen. Sie kennt Conni und Mama gut. Conni fühlt sich da sicher. „Nun komm schon", sagt der Mann ungeduldig. Er greift nach Connis Hand. „Nein!", ruft Conni da ganz laut. „Nein! Ich will das nicht! Lassen Sie mich los!"

Einige Arbeiter blicken von der Baustelle zu ihnen hinüber. Der Mann lässt Conni los. Sie läuft weg – und prallt gegen Frau Rolfes. Die wohnt bei ihnen genau gegenüber. Mama spricht oft mit ihr. „Nanu, Conni", sagt sie, „du hast es aber eilig!"

Conni erzählt ihr von der gesperrten Straße und dem Mann, der ihr helfen wollte. Doch als sie sich umdreht und auf ihn zeigen will, ist er verschwunden. Merkwürdig! Dafür weiß Conni jetzt, welchen Weg sie gehen kann: den kleinen Sandweg, aus dem Frau Rolfes gerade herausgekommen ist!

Conni verabschiedet sich von der Nachbarin und läuft schnell nach Hause. Kurz vor ihrem Haus kommt ihr Kater Mau entgegen. Liebevoll streicht er um ihre Beine. Er hat schon auf sie gewartet. Conni muss ihn erst mal ausgiebig streicheln. Dann begleitet er sie zur Haustür.

Conni klingelt. Mama freut sich, dass sie endlich da ist. Sie hat sich schon ein bisschen Sorgen gemacht, denn es ist später als sonst.

Conni erzählt, was heute alles passiert ist. Von Simon, von der gesperrten Straße und von dem Mann, der ihr den Weg zeigen wollte. Mama nimmt sie in die Arme. Sie ist froh, dass ihr nichts passiert ist. „Gut, dass du nicht mit dem Mann mitgegangen bist", lobt sie. „Das hast du genau richtig gemacht." Dass Conni laut „Nein" gesagt hat, findet Mama sehr gut. Und auch, dass ihr eingefallen ist, zum Bäcker zurückzulaufen.

Sie reden noch lange darüber, wie man sich richtig verhält, wenn man von Fremden angesprochen wird. Mama sagt, dass Conni auch mit Männern und Frauen, die sie kennt, nur mitgehen darf, wenn sie es vorher mit Mama und Papa fest verabredet hat.

Jetzt hat Conni aber erst mal Hunger. Mama macht das Mittagessen schnell noch mal warm. Hungrig stopft sich Conni die leckeren Klöße in den Mund. Sie ist stolz, dass sie alles richtig gemacht hat und freut sich über Mamas Lob. Mama füttert Jakob. Der ist gerade von seinem Mittagsschlaf aufgewacht und hat schon wieder Hunger.

Nach dem Essen ruft Conni Simon an. Ihm geht es schon besser. Morgen will er wieder in die Schule kommen. Conni erzählt ihm von der abgesperrten Straße und dem fremden Mann. Simon hat die Absperrung gesehen. Seine Mama musste auch einen Umweg fahren, als sie ihn von der Schule abgeholt hat.

Am Nachmittag spielt Conni mit Jakob. Sie lassen seine Autos auf den Straßen vom Spielteppich herumfahren. Kleine Figuren sind die Fußgänger. Plötzlich sperrt Conni eine Straße ab. „Wasserrohrbruch. Hier kann jetzt keiner durch", sagt sie . Dann spielt sie nach, was sie heute erlebt hat.
„Man darf nämlich nie mit Fremden mitgehen", erklärt sie Jakob. „Da muss man immer Nein sagen."
„Nich mitdehn. Nein", wiederholt Jakob brav. Und dann lässt er „brmmm, brmmm" seine Autos wieder über den Teppich fahren.

Am Abend liest Papa Conni das Märchen von Rotkäppchen vor. Conni meint, dass Rotkäppchen lieber nicht mit dem Wolf hätte reden sollen. „Der war doch ein Fremder!", sagt sie. Und von Fremden soll man sich nicht irgendwohin locken lassen. Egal ob sie einem Blumen, kleine Kätzchen oder Hilfe versprechen.

Aber vielleicht wollte der Mann heute Conni ja wirklich helfen? Die meisten Menschen sind doch nett, findet Conni. Doch leider nicht alle, meint Papa. Manche sind auch gemein wie der Wolf im Märchen. Doch das sieht man ihnen nicht an. „Und wir wollen ja nicht, dass dir etwas passiert", sagt Papa und gibt Conni einen Kuss. „Schlaf schön."

Am nächsten Morgen klingelt Simon an Connis Tür. Er ist wieder gesund und will wie immer mit Conni zur Schule gehen. Mama fragt, ob sie heute lieber mitkommen soll. Aber Conni schüttelt den Kopf. Nein, sie wollen alleine gehen. Jetzt, wo Simon keine Marsmenschenkrankheit mehr hat.

Lili und das chinesische Frühlingsfest

Es schneit. Dicke Flocken fallen auf den Boden, als Lili mit ihrem Papa zum Kindergarten geht. Heute ist ein ganz besonderer Tag. Die Chinesen feiern das Frühlingsfest. So begrüßen sie das neue Jahr. Deshalb hat Lili ihr Haar zu einem Pferdeschwanz gebunden und mit einer knallroten Schleife geschmückt.

Im Kindergarten überreicht sie ihrer Freundin Emma einen roten Umschlag. Neugierig öffnet diese den Brief und holt eine Karte mit komischen Zeichen heraus. „Das ist Chinesisch. Es ist eine Einladung zum Frühlingsfest", sagt Lili. „Das Bild hat mein Papa gemalt." Lauter kleine Chinesen springen um einen Löwen herum. Er hat große Kulleraugen und sieht ganz lieb aus.

Mittags holt Lilis Mama die Mädchen vom Kindergarten ab. An die Wohnungstür hat Lilis Papa ein großes Bild geklebt und im Flur hängen lauter rote Lampions. „Der sieht aber unheimlich aus", sagt Emma verwundert. „Das ist ein Türgott", sagt Herr Wang. „Er soll unsere Familie beschützen. Kommt schnell rein, dann erzähle ich euch die Geschichte."

Vor langer Zeit lebte in China ein großes Ungeheuer. Das hieß *Nian*. Einmal im Jahr kam es hungrig aus seinem Versteck in den Bergen. Auf der Suche nach Essen trampelte Nian über die Felder und erschreckte die Tiere auf den Weiden. Er kam in ein kleines Dorf. Eine alte Frau hatte vergessen, die Wäsche ins Haus zu holen. Lauter rote Tücher hingen auf der Leine. Nian hielt sie für Feuer. Schnell machte er kehrt und rannte davon. Erleichtert riefen die Dorfbewohner: „Seht nur, es hat Angst vor der Farbe Rot."
Aus Freude darüber entzündeten sie ein großes Feuer und holten Trommeln und Gongs hervor. Das war ein Krach! Als es dunkel wurde, hängten sie rote Laternen ins Fenster und ließen sie die ganze
Nacht lang leuchten.

"Seitdem feiern wir in China nun jedes Jahr das Frühlingsfest mit roten Lampions und ganz viel Krach", erklärt Lili. "Alle Kinder freuen sich darauf. Denn dann gibt es jede Menge leckere Sachen. Mama kauft kandierte Äpfel und Märchenfiguren aus braunem Zucker. Am schönsten aber ist der Drachentanz. Der Drache ist aus buntem Papier. Er ist so lang, dass ihn zehn Männer an Holzstangen tragen müssen. Wenn sie durch den Park laufen, sieht er aus wie eine riesige Schlange, die hüpft und tanzt. Dazu wird ganz laut getrommelt. Abends gibt es dann ein besonderes Essen. Und wenn es ganz dunkel ist, gucken wir uns das Feuerwerk an."

"Wie bei uns Silvester", sagt Emma.

Lili und Emma dürfen bei den Vorbereitungen für das Festessen helfen. Familie Wang isst zum Frühlingsfest am liebsten *Jiaozi*. Das sind mit Fleisch und Gemüse gefüllte Teigtaschen, die so ähnlich aussehen wie Ravioli oder Maultaschen. Emma und Lili dürfen den Teig ausrollen und auf jedes Stück etwas von der Füllung legen. Geschickt klappt Mama Wang ein Teigstückchen aufeinander und drückt es fest zusammen. Jetzt versuchen auch Emma und Lili ihr Glück. Nicht alle sehen so schön aus wie die von Mama Wang. Einige drückt sie noch einmal fest zusammen, damit sie sich beim Kochen nicht öffnen. Heimlich steckt sie in einige *Jiaozi* eine Erdnuss oder ein Geldstück. Das gibt eine lustige Überraschung!

Jetzt muss die Küche aufgeräumt werden. Lilis Mama hat schon vor Tagen die Wohnung sauber gemacht. Denn während des Frühlingsfestes darf nicht geputzt werden. „Sonst wird das Glück aus dem Haus gefegt", erklärt Lilis Mama. Über den Herd hängt sie ein neues Bild vom Küchengott. „Er passt auf, dass wir immer genug zu essen haben", sagt Lili.

Vor dem Frühlingsfest wird er in den Himmel geschickt. Dort berichtet er, was die Familie im letzten Jahr gemacht hat. Er soll natürlich nur Gutes erzählen. „Daher schenken wir ihm süße Früchte. Manchmal schmieren wir auch etwas Honig auf seine Lippen", sagt Lilis Mama lachend.

Im Wohnzimmer ist schon der Tisch für die Familienfeier gedeckt. Lilis Tante und Onkel sind mit dem kleinen Tong gekommen. Er sitzt auf seinem Kinderstuhl und versucht gerade mit den Stäbchen eine Erdnuss zu angeln. „Vorsicht!", ruft Lili. Beinahe hat der kleine Tollpatsch das Schälchen mit der Soße für die Teigtaschen umgestoßen.

Bei einem richtigen Festessen gibt es natürlich nicht nur *Jiaozi*. Mama Wang trägt eine große Platte mit dem Fisch herein. Auf Chinesisch heißt Fisch *yú* und wird genauso ausgesprochen wie das Wort Wohlstand in Chinesisch. „Das wünschen wir uns für das ganze Jahr", erklärt Tante Liu.

Dann zeigt Lili Emma, wie man mit Stäbchen isst. „Du nimmst sie in eine Hand. Als ob du zwei Buntstifte zwischen Daumen und Zeigefinger hältst. Jetzt pickst du wie ein kleiner Vogel mit dem Schnabel einen Happen aus der Schale." – „Das ist gar nicht so schwer", kichert Emma. Nur die rutschigen Teigtaschen fallen ihr manchmal von den Stäbchen. Doch das findet keiner schlimm.

Auf einmal lacht Tante Liu laut auf. Sie hat in ihrem Teigtäschchen ein Geldstück gefunden. Nun wird sie das ganze Jahr lang immer Geld haben. Lilis Papa hat die Erdnuss erwischt. Er freut sich sehr, denn es bedeutet: ein langes Leben.

Als alle schon ganz satt sind, bringt Lilis Mama den Nachtisch herein. Es ist ein Pudding aus klebrigem Reis mit vielen süßen Früchten und Nüssen. „Schmeckt lecker, ein bisschen wie Milchreis mit Zucker und Zimt", findet Emma. Alle müssen unbedingt von dem Pudding kosten, damit das neue Jahr auch so süß wird.

Nach dem Festessen bekommen die Kinder noch einen roten Briefumschlag. Darauf ist das chinesische Zeichen für Glück gemalt. Darin ist etwas Geld. „Es ist Glücksgeld", erklärt Lilis Onkel. „Früher waren die Menschen in China sehr arm. Daher gab es keine Geschenke wie heute zu Weihnachten. Sie freuten sich, wenn sie sich etwas zu essen kaufen konnten."

Alle rufen gemeinsam: „Viel Glück im neuen Jahr!" Selbst der kleine Tong kräht „Glück!". Dabei fällt er fast von seinem Kinderstuhl. So müde ist er. Auch für Emma und Lili ist es nun Zeit zum Schlafengehen.

Im Kinderzimmer finden sie noch eine Überraschung. Emma holt eine gefütterte Seidenweste aus dem schönen Geschenkpapier hervor. „Süß!", ruft Lili. Für Lili gab es einen Jeansrock und eine bunt bestickte Jacke aus Seide. Gleich morgen wollen sie die neuen Sachen anziehen.

„Jetzt wird es aber Zeit", sagt Mama Wang. „Schlaft recht schön."

„Warum ist der Drache in China eigentlich so lieb?", will Emma noch wissen.

„Wir glauben, dass der Drache im Meer und in den Wolken lebt", erklärt Lilis Mama. „Im Frühling bringt er Regen, damit die Pflanzen wieder wachsen. Und im Herbst passt er auf, dass das Meer nicht zu stürmisch ist. Daher haben wir ihn lieb. So wie du deinen Teddybären."

Emma nimmt ihren Teddybären ganz fest in den Arm und Lili kuschelt mit ihrem Hasen. Beide sind ganz schön müde. „Gute Nacht!", sagt Lili. „Träume schön von einem lieben Drachen mit Kulleraugen."
„Du auch!", flüstert Emma noch. Und schon sind die beiden Mädchen eingeschlafen.

Anna tanzt Ballett

Anna kann es kaum erwarten: Nach den Herbstferien darf sie endlich zum Ballettunterricht. Mama hat sie für den Anfängerkurs in der Ballettschule angemeldet. Und das Beste ist: Annas Freundin Lisa darf auch mit.

Im Kindergarten malt Anna ein Bild von einer Ballerina.
„Oh, was für ein tolles Kleid", staunt Heidi, ihre Erzieherin.
„Das ist ein Tutu", erklärt Anna.
„So etwas tragen Tänzerinnen beim Ballett."

In den Ferien geht Mama mit Anna in ein Geschäft für Tanzbekleidung. „Bekomme ich jetzt ein Tutu?", fragt Anna. „Ein Tutu brauchst du am Anfang noch nicht", lacht Mama. „Das zieht man erst bei einem Auftritt an."

Für das Training in der Ballettschule bekommt Anna zwei Trikots, eine Strumpfhose und weiche Ballettschuhe. Die nennt man Schläppchen.

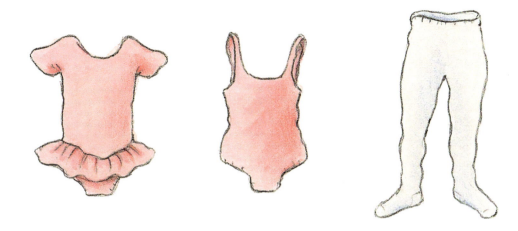

Die Verkäuferin erklärt Anna, dass das Trikot und die Strumpfhose elastisch sind und eng anliegen sollen. „So kannst du dich gut darin bewegen, und die Lehrerin sieht, ob du die Übungen richtig machst."

An die Schläppchen näht Mama zu Hause noch ein Gummiband, damit sie beim Tanzen nicht vom Fuß rutschen.

Eine Balletttasche bestellt Mama für Anna im Internet.

Endlich ist es so weit: Anna hat ihre erste Ballettstunde. In der Garderobe zieht sie sich ihre neuen Ballettsachen an, dann geht sie mit Mama in den Ballettsaal.

Nun ist Anna doch ein bisschen aufgeregt.
So viele fremde Mädchen!
Aber da kommt zum Glück Lisa.
„Ich freu mich so!", ruft sie.
Und schon strahlt Anna auch wieder.

„Viel Spaß, meine kleine Ballettmaus",
sagt Mama. „Ich hole dich nach der Stunde wieder ab."

Die Ballettlehrerin begrüßt die Mädchen: „Ich bin Vera. Ich freue mich, dass ihr in meiner Ballettklasse seid."
Im Ballettsaal ist viel Platz zum Tanzen und Springen. Eine Wand ist verspiegelt, damit man sich beim Tanzen beobachten kann. Vor dem Spiegel ist eine Holzstange angebracht. Daran hält man sich bei einigen Übungen fest.
In der Ecke steht ein Klavier. Manche Ballettstunden werden von einem Klavierspieler begleitet. Meistens wird die Ballettmusik aber von einer CD abgespielt.

„Bevor wir mit den Übungen an der Stange beginnen, müsst ihr euch erst einmal richtig bewegen und aufwärmen", sagt Vera und macht Musik an. Die Kinder hüpfen und rennen dazu durch den ganzen Saal. Dann setzen sich alle auf den Boden und machen Dehnungsübungen. Dadurch werden die Muskeln warm und die Sehnen gestreckt.

Jetzt geht es an die Stange. Vera zeigt zuerst, wie man beim Ballett steht. „Gerade Haltung, Bauch einziehen und Po anspannen!", ruft sie. „Schultern nach unten, Rücken lang!" Das ist gar nicht so einfach.

Dann erklärt Vera die fünf Grundpositionen der Füße und Arme.

1. Position:
Die Fersen berühren sich, die Zehen zeigen nach außen. Die Arme werden gebeugt vor dem Bauch gehalten.

2. Position:
Die Fersen sind schulterbreit voneinander entfernt, die Zehen zeigen nach außen. Die Arme sind zur Seite geöffnet.

3. Position:
Ein Fuß steht halb vor dem anderen. Die Ferse berührt die Mitte des hinteren Fußes. Ein Arm ist seitlich geöffnet, der andere wird nach vorne genommen.

4. Position:
Ein Fuß steht parallel und auf einer Linie vor dem anderen. Der Abstand beträgt etwa eine Fußlänge. Ein Arm ist leicht über dem Kopf gebeugt, der andere seitlich geöffnet.

5. Position:
Die Beine sind gekreuzt. Ein Fuß steht direkt vor dem anderen. Beide Arme werden leicht gebeugt über dem Kopf gehalten.

„Die vierte und die fünfte Position sind etwas schwieriger", sagt Vera. „Deswegen üben wir am Anfang nur die ersten drei Positionen. In den nächsten Stunden werden wir auch Pliés machen. Das ist französisch und heißt Kniebeugen."

Puuh, so viel Neues! Anna raucht schon der Kopf. „Die Bewegungen und Begriffe lernt ihr mit der Zeit", beruhigt sie Vera. „Übung macht den Meister!"

Zum Schluss stellen sich alle in der Mitte des Ballettsaals auf. Vera macht schnelle Musik an, zu der man gut springen kann.
„Pssst!", macht Vera. „Versucht, leicht wie eine Feder zu springen und leise auf dem Boden zu landen."

Dann ist die erste Ballettstunde schon zu Ende. Anna hat viel gelernt. Und auch wenn es anstrengend war, hat es viel Spaß gemacht.

Anna geht nun regelmäßig zum Ballettunterricht und würde am liebsten jeden Tag tanzen. Vera schlägt ihr vor, dass sie zu Hause an einem Stuhl üben kann, der die Stange ersetzt. Später kann Anna dann auch mehrmals in der Woche zum Training kommen.

Manchmal darf Anna nach der Ballettstunde den größeren Mädchen beim Training zusehen. In dieser Gruppe tanzen sie schon „auf Spitze". Das möchte Anna auch können! „Mit dem Spitzentanz musst du dich noch ein paar Jahre gedulden", sagt Vera. „Erst müssen deine Bein- und Fußmuskeln stark genug werden."

„Beim Ballett kommt es aber nicht nur darauf an, gut zu tanzen", erklärt Vera. „Tänzer müssen auch Geschichten erzählen, allerdings ohne Worte, sondern mit ihrer Körperhaltung und ihrem Gesichtsausdruck. Das nennt man Gestik und Mimik."

Einmal im Jahr gibt es in der
Ballettschule eine Aufführung,
in der alle Ballettschüler zeigen
dürfen, was sie gelernt haben.
Vera möchte mit Annas Gruppe
einen Elfentanz aufführen.
Sie hat schöne Musik ausgesucht
und sich dazu passende Schritte,
Sprünge und Drehungen überlegt,
die sie den Kindern zeigt.

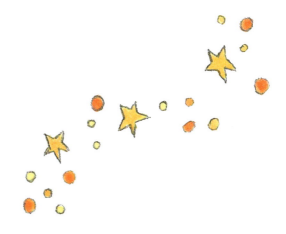

In den nächsten Wochen proben Anna und die anderen Kinder den Tanz für ihren Auftritt. Immer wieder zeigt Vera ihnen die Schritte und lässt sie vor dem Spiegel die Bewegungen probieren, damit sie so graziös wie möglich aussehen.

Annas Mama und andere Eltern helfen beim Nähen der Kostüme. Anna freut sich riesig: Endlich bekommt sie ein Tutu!
Bei der Kostümprobe sind alle Kinder wie verwandelt. Mit ihren Flügeln sehen sie nicht nur wie richtige kleine Elfen aus, sondern sie tanzen auch viel besser. Vera ist sehr zufrieden mit ihnen.

Anna und Lisa haben nur noch ihren Elfentanz im Kopf. Damit bei der Aufführung alles klappt, üben sie die Schritte auch zu Hause.

Endlich ist der große Tag da! Hinter der Bühne ziehen die Kinder ihre Kostüme an. Vera hilft ihnen beim Frisieren. Annas Herz klopft wie verrückt.
„Du hast Lampenfieber", sagt Vera. „Das ist ganz normal. Vor einem Auftritt sind alle Tänzer etwas aufgeregt. Je öfter man auf der Bühne steht, desto mehr gewöhnt man sich aber daran."

Dann ist es so weit.
„Toi, toi, toi", flüstert Vera den Mädchen zu und schickt sie auf die Bühne.

Anna ist immer noch ein bisschen aufgeregt. Aber sobald der Vorhang aufgeht und die Musik beginnt, denkt sie nur noch ans Tanzen.

Die Aufführung klappt prima. Und als die Zuschauer begeistert Beifall klatschen, ist Anna sehr glücklich.

Kleines Ballettwörterbuch

Das Ballett entstand im 16. und 17. Jahrhundert an den italienischen und französischen Fürstenhöfen. Das klassische Ballett wurde vor allem vom französischen König Ludwig XIV. sehr gefördert. Daher stammen die meisten Ausdrücke beim Ballett aus dem Französischen und einige auch aus dem Italienischen.

Ballerina ist italienisch und heißt Tänzerin.

Barre ist französisch und heißt Stange.

Exercice ist französisch und heißt Übung.

Pirouette nennt man eine Drehung auf einem Bein.

Plié ist französisch und heißt Kniebeuge. Es gibt das Demi Plié (halbes Plié) und das Grand Plié (großes Plié).

Port de bras ist französisch und heißt Armhaltung.

Tutu ist französisch für Ballettröckchen. Es besteht aus mehreren Schichten Tüll.

Die **LESEMAUS** ist eine eingetragene Marke des Carlsen Verlags.

Sonderausgabe im Sammelband
© Carlsen Verlag GmbH, Völckersstraße 14-20, 22765 Hamburg 2015
ISBN 978-3-551-08970-0
Umschlagkonzeption der Reihe und Illustration der Lesemaus: Hildegard Müller
Umschlagillustration: Catharina Westphal
Lesemaus-Redaktion: Anja Kunle
Lektorat: Steffi Korda, Büro für Kinder- & Jugendliteratur
Gestaltung und Satz: Satz·Zeichen·Buch, Hamburg
Lithografie: Zieneke PrePrint, Hamburg
Druck und Bindearbeiten: GCC Grafisches Centrum Cuno GmbH & Co. KG, Calbe

Printed in Germany

Ella geht in den Kindergarten
Originaltitel: Hämmerle/Trapp: Heut gehen wir in den Kindergarten
© Annette Betz Verlag in der Ueberreuter Verlag GmbH, Berlin 1. Auflage 2000

Unterwegs mit den Ponys
© Carlsen Verlag GmbH, Hamburg 2006

Jule darf auch mal wütend sein
© Carlsen Verlag GmbH, Hamburg 2014

Conni geht nicht mit Fremden mit
© Carlsen Verlag GmbH, Hamburg 2012

Lili und das chinesische Frühlingsfest
© Carlsen Verlag GmbH, Hamburg 2010

Anna tanzt Ballett
© Carlsen Verlag GmbH, Hamburg 2010
Illustrationen © 2007 Arena Verlag GmbH, Würzburg

Lesemaus-Bücher gibt es überall im Buchhandel und auf www.lesemaus.de.
Newsletter mit tollen Lesetipps kostenlos per E-Mail: www.carlsen.de